Dieses Buch gehört:

- - - - - - - - - - - - - - - - - -

Vielen Dank für den Kauf dieses Buches.

Durch frühes Vorlesen förderst du die Sprachentwicklung deines Kindes. Es stärkt die Bindung zu deinem Kind und es macht Spaß, gemeinsam kleine Abenteuer zu lesen. Kinder lernen beim Vorlesen spielerisch und ohne Druck. Es schult die Konzentration, fördert die Fantasie und macht Kinder schlau und empathisch.

ISBN 978-3-903420-21-2
1. Auflage 2022
© Mag. Barbara Lachner
Alle Rechte vorbehalten

www.barbaralachner.at

Tierische

Weihnachten

Eine Adventgeschichte in 24 Kapiteln

Barbara Lachner

Kapitel

DIE ZWEI KLEINEN SCHNECKEN UND DER VERSCHWUNDENE ADVENTKALENDER

Heute wachen die beiden Schneckenschwestern Nelly und Daisy viel früher als sonst auf. Es ist der 1. Dezember! Seit Wochen fiebern sie diesem Tag entgegen, denn endlich beginnt die Weihnachtszeit. Die zwei kleinen Schnecken lieben alles, was mit Weihnachten zusammenhängt, aber vor allem den Adventskalender mit Schokolade. Sie können es nicht erwarten, ihr erstes Türchen zu öffnen. Also kriechen sie los zu der Stelle unter dem Laub, wo sich sonst immer der Adventskalender versteckt. Doch enttäuscht stellen sie fest, dass dort kein Kalender ist. Auch nicht unter dem großen Pilz, neben dem Baumstamm oder

unter den trockenen Stöcken. Beinahe beginnen sie zu weinen, so traurig und enttäuscht sind sie. Bekommen sie dieses Jahr etwa keinen Adventskalender? „Warum seid ihr denn schon so früh munter?", hören Nelly und Daisy plötzlich die Stimme ihrer Schneckenmama. „Es ist mitten in der Nacht!" Als sie sich umdrehen, schlägt das Herz der beiden Schneckenschwestern höher. Ihre Mama hat den Adventskalender mitgebracht! So schnell sie können – und das ist bei Schnecken nicht wirklich schnell – kriechen sie zu ihrer Mama. Endlich können die Schnecken ihr erstes Türchen öffnen und teilen sich genüsslich die Schokolade. Lecker!

DIE NEUGIERIGE BIENE EMMA ENTDECKT DEN WEIHNACHTSMARKT

Normalerweise verbringen Bienen den Winter eng zusammengekuschelt in ihrem Stock, um sich vor der Kälte zu schützen. Doch das ist der neugierigen Biene Emma manchmal viel zu langweilig. Aus diesem Grund nutzt sie milde Wintertage wie den heutigen, um den Bienenstock zu verlassen und die Welt zu erkunden. Emma liebt die Weihnachtszeit. Sie kann sich an den bunt geschmückten Häusern gar nicht sattsehen! Heute fliegt Emmi an einem Weihnachtsmarkt vorbei und beschließt, ihm einen Besuch abzustatten. Hier duftet es so herrlich nach Zucker und Honig! Heimlich, als niemand hinschaut, setzt sie sich in einer Weihnachtsmarkthütte auf einen Schokoladen-Erdbeer-Spieß und nascht

ein bisschen. Auch von den gebrannten Mandeln und einem Lebkuchenherz muss sie einfach probieren. Das schmeckt so gut! Danach entdeckt sie das bunte Karussell.

„Da will ich auch mal mitfahren!", brummt sie aufgeregt und fliegt schnell los. Sie setzt sich auf die Kappe eines Buben, der gerade auf ein Pferd aufsteigt. Dann jauchzt sie vor Freude, als das Karussell seine Fahrt beginnt. Am Abend, als es langsam kühler wird, fliegt die Biene Emma schnell wieder nach Hause zu ihrem Bienenstock. Satt, glücklich und voller schöner Erinnerungen kuschelt sie sich zu den anderen Bienen und genießt die wohlige Wärme.

3

DAS SCHWEIN KARLCHEN IST AUF DER SUCHE NACH DEN WEIHNACHTSKEKSEN

Karlchen ist ein richtiges Glücksschwein. Es wohnt zusammen mit seinen Geschwistern Karla, Karli und Karlo in einem Stall bei der freundlichen Familie Sonnenschein. Die beiden Kinder Julian und Marie sind besonders lieb: Täglich kommen sie vorbei, verteilen ausgiebige Streicheleinheiten und erzählen von ihren spannenden Tagen.

„Heute haben wir Kekse gebacken!", berichtet Marie gerade.

Karlchen läuft das Wasser im Mund zusammen. Wie gerne würde er ein paar der Kekse verputzen!

„Bringt ihr mir Kekse?", grunzt er, doch natürlich verstehen die beiden Kinder seine Sprache nicht.

Als die zwei verschwunden sind, schleicht er sich aus dem Stall ins Haus. Der Duft der Süßigkeiten lockt ihn in die Küche. Sie liegen zum Abkühlen noch auf dem Backblech. Er versucht, auf die Arbeitsplatte zu klettern, doch er schafft es nicht.

„Was machst du denn in unserer Küche?", rufen Marie und Julian, als sie in die Küche kommen. Dann sehen sie, was Karlchen vorhatte und beginnen laut zu lachen.

„Wolltest du etwa unsere Kekse klauen, du kleiner Dieb?" Sie streicheln Karlchen über den Kopf. Dann reichen sie ihm eine Handvoll davon.

„Hier, du kleiner Vielfraß! Wenn du Kekse magst, bringen wir dir in Zukunft einfach ein paar mit in den Stall."

Karlchen lässt es sich schmecken. Weihnachten ist seine Lieblingszeit!

DER FRECHE HASE MÜMMEL UND DIE SCHNEEMANNNASE

Der kleine Feldhase Mümmel sitzt
gemütlich zusammengekauert in
seiner Mulde im Unterholz, um ein
Nickerchen zu machen. Da hört er laute
Kinderstimmen.
„Marie, schau, endlich hat es geschneit!
Vielleicht bekommen wir weiße
Weihnachten", ruft ein Bub fröhlich.
„Komm, Julian, wir bauen einen großen
Schneemann", hört Mümmel das
Mädchen antworten.
Neugierig kommt Mümmel aus seiner
Mulde heraus und beobachtet die Kinder,
wie sie aus Schnee einen dicken, lustigen
Schneemann formen. Das Beste daran:
Er bekommt eine Karotte als Nase!
Gierig leckt sich Mümmel das Mäulchen.
Kaum sind die Kinder verschwunden,

hoppelt er zum Schneemann, hüpft einmal ganz hoch und schnappt sich die Karotte. Als er sie aufgegessen hat, findet er den nasenlosen Schneemann aber richtig gruselig. Also nagt er an einem Haselnussstrauch einen Zweig ab und verpasst dem Schneemann eine Zweignase.

Am nächsten Tag kehren die Kinder zu ihrem Schneemann zurück.

„Wo ist denn die Karottennase?", fragt Julian verblüfft.

„Das war bestimmt ein hungriges Häschen!", antwortet Marie. Dann sagt sie: „Komm, wir holen Karotten zum Fressen für den Hasen."

Das Häschen Mümmel freut sich riesig und macht sich über die Karotten her, als die Kinder wieder nach Hause gegangen sind. Es scheint, als müsste Mümmel dieses Jahr an Weihnachten nicht hungrig bleiben.

5

DIE DREI MÄUSEGESCHWISTER UND DAS BESONDERE WEIHNACHTSGESCHENK

Die drei Mäusegeschwister Minny, Roxy und Pinky wollen ihre Mäuseeltern an Weihnachten mit einem Stück Käse überraschen. An diesem Dezembermorgen huschen die Mäusegeschwister aus ihrem sicheren Mäuseloch heraus. Minny tapst leise in die Küche der Familie Sonnenschein, bei der sie wohnen. Gut versteckt wartet sie, bis die Familie mit dem Frühstück fertig ist. Als alle weg sind und der Papa aufsteht, um das Geschirr abzuräumen, klettert Minny auf den Tisch. Schnell zieht sie das große Stück Käse hoch auf ihren Rücken. Nur wenige Augenblicke später ist sie wieder in ihrem Mäuseloch verschwunden. Sie hört noch, wie der

Vater murmelt: „Wo ist denn jetzt der Käse hin?"

Gleichzeitig dringen Roxy und Pinky ins elterliche Schlafzimmer ein. Dort lagert die Familie das Geschenkpapier und das Geschenkband. Roxy findet eine Rolle Geschenkpapier, auf dem Mäuse mit Nikolausmützen abgebildet sind. „Perfekt!", piepst sie, greift sich das Papier und bringt es in das Mäuseloch. Pinky wickelt unterdessen rotes Geschenkband von einer Rolle und nagt es durch. Dann folgt sie ihrer Mäuseschwester mit dem Band im Mäulchen. Jetzt können die drei Mäusegeschwister den leckeren Käse schön verpacken. Sie sind schon gespannt auf die Gesichter ihrer Mäuseeltern, wenn sie ihr Weihnachtsgeschenk auswickeln!

DAS KÄTZCHEN IM NIKOLAUSSTIEFEL

Ein eisiger Schneesturm tobt in dieser Dezembernacht. Der kleine Streunerkater Tiger zittert vor Kälte und Angst. Wo soll er heute nur schlafen? Plötzlich nimmt seine Nase einen angenehmen Duft wahr. Er folgt dem Geruch und kommt schließlich vor einem großen Haus an. Dort steht ein Teller mit selbst gebackenen Keksen und ein Schälchen mit Milch! Rasch schleckt er die Milch auf und verschlingt die Kekse. Jetzt ist er wenigstens satt, aber kalt ist ihm immer noch. Da entdeckt er ein Paar blank geputzte Stiefel direkt neben dem leeren Teller. Er zögert nicht lange und klettert hinein. Wenig später schläft Tiger ein.

„Mama, schau mal, Mama!", hört der kleine Kater am nächsten Morgen die

aufgeregte Stimme eines Mädchens.
„Der Nikolaus war da! Er hat alle Kekse
aufgegessen, die Milch leer getrunken
und mir ein Kätzchen in den Stiefel
gesteckt!" Schon greifen zwei kleine
Hände nach Tiger und holen ihn aus
dem Schuh. Liebevoll streichelt das
Mädchen ihm über den Kopf und Tiger
schnurrt wohlig.
„Da laust mich doch der Affe!", ruft die
Mama des Mädchens erstaunt. „Los,
Marie, bring das arme Kätzchen rein."
Von nun an muss der kleine Kater Tiger
nicht mehr auf der Straße leben, sondern
hat ein tolles, neues Zuhause gefunden.

DIE FLEISSIGE EULE LEA VERTEILT DIE WEIHNACHTSEINLADUNGEN

Bald beginnt ein neuer Tag. Lea, die
Eule, hat sich gerade zum Schlafen in
ihre Baumhöhle gesetzt. Doch plötzlich
hört sie auf einem Ast in der Nähe
das Eichhörnchen Balou schimpfen:
„So ein Mist! Wie soll ich denn jetzt
die Einladungen für die tierische
Weihnachtsfeier verteilen?"
Die Eule Lea reißt die Augen wieder auf
und fragt ihren Freund Balou: „Was ist
denn los?"
„Ich habe mir bei einem großen Sprung
von Ast zu Ast den Fuß verstaucht!
Jetzt muss ich ihn eine Woche lang
schonen und darf nicht rennen, springen
oder klettern. Aber ich muss doch die
Einladungen rechtzeitig verteilen, damit
auch alle Tiere an Heiligabend kommen."

Balou seufzt traurig.

„Kein Problem! Gib mir einfach die Einladungen, und ich verteile sie!", bietet Lea ihrem Eichhörnchenfreund an. Gesagt, getan. Ein paar Minuten später fliegt die kleine Eule Lea durch den Wald. Sie verteilt die Weihnachtseinladungen an all ihre tierischen Freunde. Auch die Tiere auf dem nahegelegenen Bauernhof bekommen eine Einladung. Als alle Kärtchen bei ihrem Empfänger sind, ist es aber wirklich Schlafenszeit für die Eule Lea. Längst hat der Tag begonnen! Lea ist erschöpft, aber auch zufrieden, weil sie ihren Teil zu einer wunderschönen Weihnachtsfeier beitragen konnte. Sekunden später schläft sie in ihrer Baumhöhle ein.

DER FUCHS AIKO BRAUCHT DAS PASSENDE WICHTELGESCHENK

An diesem Dezembermorgen findet der Fuchs Aiko eine Einladung im Briefkasten vor seinem Bau. Darin steht: „Lieber Aiko, du bist herzlich zu unserer tierischen Weihnachtsfeier an Heiligabend eingeladen. Alle Tiere feiern auf der Weide der zehn Schafe. Wir wollen in diesem Jahr wichteln! Bitte besorge ein kleines Geschenk für den Bären Pauli!" Aiko freut sich über die Einladung, ist aber auch ratlos.

„Was soll ich dem Bären bloß schenken?", fragt er sich unentschlossen. Glücklicherweise kommt in diesem Moment sein Freund, der Hase Mümmel, vorbei gehoppelt. „Du suchst ein Geschenk für Pauli? Da habe ich eine gute Idee! Hol ein leeres Schraubglas

und dann komm!"

Wenig später laufen Aiko und Mümmel durch den Winterwald bis zum Bienenstock. Dort klopfen sie leise an, woraufhin die Biene Emma herauskommt.

„Was ist denn los?", fragt sie verschlafen.

„Wir brauchen ein bisschen Honig als Wichtelgeschenk für die tierische Weihnachtsfeier. Darüber wird sich der Bär Pauli sicher freuen. Bären lieben Honig!", erklärt Mümmel aufgeregt.

Da zögert Emmi nicht lange und hilft, etwas Honig in das leere Schraubglas zu füllen.

„Dank euch beiden habe ich das perfekte Wichtelgeschenk für den Bären Pauli!", bedankt sich der Fuchs Aiko zufrieden bei seinen Freunden.

DAS WEIHNACHTSKÜKEN GIGI SORGT FÜR EINE ÜBERRASCHUNG

Marie freut sich riesig auf Weihnachten. Heute hat sie mit ihrer Mama Butter, Mehl, Eier und Zucker gekauft, denn sie wollen nochmal Kekse backen. Gerade will Marie die Einkäufe zu ihrer Mama in die Küche bringen, da ruft Papa aus dem Garten: „Marie, hilft mir mal, den Weihnachtsbaum ins Haus zu tragen!" Also lässt sie den Sack mit den Einkäufen neben dem warmen Kamin stehen und eilt zu Papa. Was Marie nicht mehr hören kann: Wenig später ertönt aus dem Einkaufsbeutel ein lautes „KNACK", denn aus einem Ei schlüpft das Küken Gigi. „Jetzt ist es mir aber warm geworden", piepst es. „Da komme ich lieber aus meinem Ei heraus!"
Das kleine Küken schaut sich um. „Wow,

hier sieht es ja toll aus!", staunt es, als es die bezaubernde Weihnachtsdekoration erblickt. Rasch mopst Gigi einem Deko-Weihnachtsmann seine Kappe und setzt sie kichernd selber auf.

In diesem Moment kommt Marie wieder zurück ins Wohnzimmer. „Mama, Papa, da sitzt ein Weihnachtsküken in unserem Wohnzimmer!", ruft sie fassungslos.

Als ihre Eltern das Küken mit der Nikolausmütze entdecken, trauen sie ihren Augen nicht.

„Können wir das Küken behalten?", fragt Marie ihre Eltern bittend.

„Na klar", sagen sie wie aus einem Mund. Niemals könnten sie dieses märchenhafte Weihnachtsküken wieder weggeben – und auf ihrem Bauernhof ist genug Platz.

DER BÄR PAULI UND DER WUNDERSCHÖNE WEIHNACHTSBAUM

Das laute „RING RING RING" des Weckers lässt den Bären Pauli an diesem kalten Morgen im Dezember aus dem Schlaf hochschrecken. Wie alle Bären verschläft auch Pauli normalerweise fast den ganzen Winter. Aber Pauli ist ein großer Fan von Weihnachten und will auf keinen Fall das Fest der Liebe verpassen. Also schwingt er seine Beine aus dem Bett und legt los. Er setzt sich eine Nikolausmütze auf, schaltet weihnachtliche Musik an und hängt Lichterketten in seiner Höhle auf. „Jetzt fehlt nur noch der Weihnachtsbaum!", ruft er und stapft kurzentschlossen nach draußen in den Schnee. Es dauert eine ganze Weile, bis er den perfekten Tannenbaum für seine

Höhle gefunden hat.

„Oh nein, ich habe meine Säge vergessen!", brummt er plötzlich entsetzt. „Wenn ich zurück zu meiner Höhle gehe, finde ich den Tannenbaum nie wieder!" Pauli wird ganz traurig.

„Keine Panik, ich helfe dir", hört er da auf einmal die Stimme des Bibers Willi. Kurz darauf hat Willi den Baum mit seinen spitzen Nagezähnen durchgenagt. Pauli fängt ihn auf und ruft begeistert: „Danke, Willi, du bist der beste Biber der Welt!" Dann bringt er seinen Weihnachtsbaum nach Hause und schmückt ihn mit bunten Kugeln und Lichtern. Jetzt kann Weihnachten kommen!

DAS REHLEIN WIRBELWIND HAT EINEN WEIHNACHTSTRAUM

Das keine Rehlein namens Wirbelwind
steht niemals still und tollt immerzu
herum. Zur Weihnachtszeit ist das
Rehlein noch aufgeweckter als sonst.
Selbst sein wirklich flinker Freund, der
Hase Mümmel, kann dann kaum noch
mit ihm mithalten. Denn das Rehlein
hat einen Weihnachtstraum: Es würde
so gerne einmal den Schlitten des
Weihnachtsmannes hoch oben über die
Hausdächer der Städte ziehen. Wie jeden
Tag übt Wirbelwind daher heute das
Fliegen: Rasend schnell nimmt er Anlauf,
springt ab und gleitet ein bisschen durch
die Luft. Aber so richtig fliegen kann er
nicht. Nach einer Stunde fällt das Rehlein
erschöpft auf die verschneite Wiese.
„Ich schaffe es einfach nicht! Ich

werde nie den Geschenkeschlitten des Weihnachtsmannes ziehen, weil ich eben nicht fliegen kann!", schluchzt Wirbelwind. „Wäre ich doch nur ein richtiges Rentier geworden!"

Der Hase Mümmel nimmt das Rehlein tröstend in den Arm. „Weißt du, auch Rentiere können eigentlich gar nicht fliegen. Der Weihnachtsmann verleiht ihnen magische Kräfte. Nur dadurch fliegen sie!"

Diese Worte trösten das kleine Rehlein Wirbelwind. Hoffnungsvoll schaut es in den Himmel. Vielleicht trifft es eines Tages den Weihnachtsmann und darf seinen Schlitten ziehen. Bis es so weit ist, will es täglich trainieren, damit es schnell genug ist!

DER EINSAME WOLF JESPER WÜNSCHT SICH EINEN FREUND ZU WEIHNACHTEN

Jesper fühlt sich einsam. Der kleine Wolf hat nämlich keine richtigen Freunde – und dafür gibt es zwei Gründe: Erstens ist er eben ein Wolf und die meisten Tiere im Wald haben Angst vor Wölfen. Kein Wunder, schließlich ist der Wolf in fast allen Märchen und Geschichten der Bösewicht. Zweitens schläft der Wolf tagsüber, wenn die anderen Tiere im Wald wach sind. Erst in der Dämmerung und in der Nacht streift er durch die Wälder – und zwar meist allein. Deshalb fasst Jesper einen Entschluss. Er schreibt auf seinen einen Wunschzettel: „Lieber Weihnachtsmann, ich wünsche mir in diesem Jahr zu Weihnachten einen Freund, mit dem ich Abenteuer erleben

kann!"

Da hört der kleine Wolf einen Hilfeschrei direkt vor seiner Höhle. Eilig läuft er hinaus und sieht einen Igel, der von einem hungrigen Dachs bedroht wird. Also brüllt der Wolf Jesper einmal kurz und schauerlich – und schon nimmt der Dachs Reißaus.

„Danke, du hast mir das Leben gerettet", seufzt der Igel Ingo erleichtert. „Du bist nachtaktiv wie ich und kannst mich vor den bösen Waldtieren beschützen. Wollen wir vielleicht Freunde sein?"

Jesper nickt und ist überglücklich. Schon vor Weihnachten hat sich sein größter Weihnachtswunsch erfüllt!

DIE VOGELFAMILIE ZWITSCHER SUCHT EINE WEIHNACHTSTRADITION

Für die Vogelfamilie Zwitscher ist es
das erste gemeinsame Weihnachtsfest.
Deshalb überlegen die Vogeleltern und
die beiden Vogelkinder Kiki und Koko
hin und her: Welche Weihnachtstradition
könnten sie einführen? Die Klassiker
wie Weihnachtsdeko basteln oder
Kekse backen fallen für die Vogelfamilie
Zwitscher von vornherein weg. Dafür
fehlen den Vögeln einfach Hände oder
Pfoten.

„Wir könnten einen Baum im Wald mit
Weihnachtsschmuck dekorieren", schlägt
die Vogelmama vor.

„Das machen alle anderen Vogelfamilien
schon", widerspricht der Vogelpapa. „Ich
will eine besondere Weihnachtstradition!"

„Wie wäre es, wenn wir einen Brief an den

Weihnachtsmann schreiben?", fragt das Vogelmädchen Kiki.

„Nein, das klappt mit unseren Flügeln nicht", wendet die Vogelmama ein.

„Was können wir Vögel denn überhaupt?", fragt Kiki niedergeschlagen.

„Singen!", ruft Koko voller Begeisterung. „Lasst uns an Heiligabend ein Weihnachtskonzert anstimmen!"

Dieser Vorschlag kommt bei der ganzen Vogelfamilie gut an. Und so üben die vier jeden Tag, denn ihr Ziel ist klar: Sie wollen an Heiligabend alle Waldtiere mit einem Weihnachtskonzert überraschen.

DAS PFERD MERLIN HILFT DEM WEIHNACHTSMANN

Es ist noch früh am Morgen, aber das Pferd Merlin kann einfach nicht schlafen. Der Weihnachtsabend rückt näher, und Merlin ist schrecklich aufgeregt. Ob der Weihnachtsmann in diesem Jahr wieder ein tolles Geschenk für ihn hat? Auf einmal hört Merlin schleppende Schritte auf dem vereisten Weg vor der Weide. Im Licht der aufgehenden Sonne erkennt er einen alten Mann mit einem weißen Bart und einem roten Mantel. Es ist der Weihnachtsmann! Er hält sich den Rücken und verzieht sein Gesicht schmerzerfüllt.

„Weihnachten fällt dieses Jahr aus!", sagt der alte Mann stöhnend zu Merlin. „Mit diesen Rückenschmerzen kann ich kein einziges Geschenk auf meinen Schlitten

laden."

Merlin traut seinen Ohren nicht.
Weihnachten soll ausfallen? Das geht
doch nicht! Kurzentschlossen nimmt
er Anlauf und hüpft über den Zaun.
Er bedeutet dem Weihnachtsmann,
auf seinen Rücken zu steigen. Kurz
darauf braust er los. Er weiß, was der
Weihnachtsmann braucht: eine Massage!
Also lädt er den Weihnachtsmann in
der Stadt vor der Praxis ab, bei der
Maries und Julians Mama arbeitet. Sie
kann dem alten Mann gewiss helfen und
Weihnachten retten!

DER GUTMÜTIGE BIBER WILLI HILFT EINEM STINKTIER IN NOT

An einem eisigen Dezembernachmittag
entdeckt der Biber Willi ein zitterndes
Tier hinter einem Baumstamm.
„Wer bist du?", will Willi wissen.
Sein Gegenüber schlägt die Augen
auf. „Ich bin ein Stinktier und heiße
Miss Puh! Ich habe einst bei Menschen
gewohnt, aber sie haben mich vor
ein paar Tagen ausgesetzt. Jetzt ist
mir schrecklich kalt, weil ich in dem
gefrorenen Boden kein Loch graben
kann, um mich zu verkriechen. Ich werde
erfrieren!", schluchzt das kleine Stinktier
herzzerreißend.
Willi schüttelt bestimmt den Kopf.
„Niemand erfriert hier! Schon gar nicht
kurz vor Weihnachten!"
Schnell macht er sich an die Arbeit

und nagt ganz viele Baumstämme klein.
In Windeseile hat er für Miss Puh eine
Holzhütte zum Schlafen gebaut.
„Danke! Du wirst auf ewig mein Held sein",
bedankt sich Miss Puh und kuschelt sich
in ihrem neuen Zuhause ein.

15

DER IGEL INGO GERÄT IN WEIHNACHTSSTRESS

Der Igel Ingo schläft nicht wie seine Artgenossen den ganzen Winter lang. Stattdessen lässt er sich immer in der ersten Dezemberwoche von seinem Freund, dem Eichhörnchen Balou, aufwecken. Denn er will Weihnachten mit allem Drum und Dran feiern! Doch in diesem Winter ist alles anders: Das Eichhörnchen Balou hatte einen verstauchten Fuß und konnte ihn erst eine Woche zu spät wecken! Jetzt steht Weihnachten unmittelbar bevor, aber Ingo hat noch nichts vorbereitet. Weder hat er ein Wichtelgeschenk für den Elch Finni besorgt, noch hat er seinen Unterschlupf weihnachtlich dekoriert. Nun findet Ingo zu allem Übel auch noch die Kiste mit dem Weihnachtsschmuck

nicht! Er beginnt, bitterlich zu weinen.
„Was ist denn?", fragt sein neuer Freund,
der Wolf Jesper.
Ingo schluchzt: „Mein
Weihnachtsschmuck ist verschwunden!"
Da schlägt Jesper vor: „Lass uns
zusammen im Wald spazieren! Wir finden
bestimmt allerhand Dinge, mit denen du
dein Zuhause schmücken kannst."
Gemeinsam sammeln sie Zapfen, Zweige,
Moos, Zieräpfel und viele andere Sachen.
Damit dekorieren sie gemeinsam Ingos
Zuhause.
Als sie fertig sind, seufzt der Igel
zufrieden: „Weihnachtsdeko sieht toll aus
und Geschenke sind schön. Aber das
Einzige, was an Weihnachten wirklich
zählt, sind gute Freunde wie du. Danke
für deine Hilfe, Jesper!"

DAS HUNGRIGE OTTERMÄDCHEN CINDY IST IN GEFAHR

Das Ottermädchen Cindy hat immer großen Hunger. Deshalb frisst Cindy täglich riesige Mengen Fisch. In der letzten Zeit ist es für Cindy aber schwierig, genügend Nahrung zu finden. Das Wasser in dem Fluss, in dem sie sonst auf Essenssuche geht, ist nämlich durch die winterliche Kälte zugefroren. So kommt es, dass dem Ottermädchen auch heute wieder mächtig der Magen knurrt. Auf der Suche nach etwas Essbarem schlittert Cindy über die zugefrorene Wasseroberfläche des Flusses. Plötzlich bricht das Eis unter ihren Pfötchen weg, und sie stürzt in das eiskalte Wasser. Normalerweise ist Cindy eine gute Schwimmerin, aber heute hat sie vor Hunger keine Kraft mehr. Sie

hat große Angst, denn sie findet den Ausgang nicht! Da reicht ihr ein anderer Otter die Pfote und schwimmt mit ihr zur Wasseroberfläche. Es ist der Otterjunge Otto, der einen dicken Fisch in seinem Mund trägt.

„Danke, dass du mich gerettet hast", stammelt Cindy. „Mein Hunger ist so groß, dass ich gar nicht mehr schwimmen kann!"

Otto erwidert freundlich: „Wir teilen uns meinen Fisch. Niemand sollte in der Weihnachtszeit hungern müssen!" Dankbar nimmt Cindy dieses Angebot an. Zusammen genießen sie das Festmahl. Gemeinsam schmeckt es noch viel besser! So beschließen Otto und Cindy, von nun an zusammen auf Nahrungssuche zu gehen.

DAS EICHHÖRNCHEN BALOU PLÜNDERT DEN WEIHNACHTSBAUM

„Dieses Jahr habe ich wirklich nur Pech!",
schimpft das Eichhörnchen Balou. „Erst
der verstauchte Fuß und jetzt finde ich
meine Nussvorräte für den Winter nicht
mehr. Dabei weiß ich genau, dass ich
sie im Herbst hier irgendwo vergraben
habe!"
Balou wühlt und buddelt – ohne Erfolg.
Erschöpft lehnt er sich an einen Baum.
Dabei sieht er, wie im Bauernhof der
Familie Sonnenschein das Licht im
Kinderzimmer angeht. Neugierig rennt
er zum Haus und späht vom Fensterbrett
aus ins Zimmer. Marie und Julian hängen
gerade Lebkuchen, Kekse, Äpfel und
Nüsse an einem Weihnachtsbaum auf.
Dem Eichhörnchen knurrt der Magen,
als es die Leckereien sieht. Ungeduldig

wartet Balou, bis die Kinder ins Bett
gehen. Dann schlüpft er durch das
gekippte Küchenfenster ins Haus und
huscht ins Kinderzimmer. Zehn Minuten
später hat er den kompletten Baum leer
gefuttert. Als er vom oberen Ast springen
will, gerät der Baum ins Wanken und
stürzt um. Die Kinder wachen durch
den Krach auf. Sie staunen, als sie den
leeren, umgekippten Weihnachtsbaum
und Balou entdecken.
„Da hat wohl ein Eichhörnchen großen
Hunger", hört Balou Julian noch sagen,
bevor er flieht.
Am nächsten Tag findet Balou im Wald
eine große Kiste voller Nüsse. Dankbar,
dass Julian und Marie sich um ihn
kümmern, verspeist er sie.

ZEHN KLEINE SCHAFE HELFEN DER SCHLAFLOSEN MARIE

Es ist Abend, und die zehn kleinen Schafe Bärbel, Wilma, Toffee, Söckchen, Flummi, Jenni, Lilli, Flocke, Lotte und Henry stehen eng zusammengekuschelt in ihrem Unterstand. Die Schäfchen sind kurz vorm Einschlafen.

Auf einmal hören sie ein Rufen: „Ich weiß nicht, was ich machen soll, ich kann nicht schlafen!" Die zehn Schäfchen blicken nach oben zum Haus. Dort entdecken sie das Mädchen Marie an einem offenen Fenster. „Ich bin so aufgeregt! Bald ist Weihnachten. Ich wünsche mir so sehr neue Schlittschuhe. Ob ich sie bekomme?"

„Na klar", antwortet Wilma, doch Marie versteht nur ein lautes „Mäh".

„Wir müssen Marie helfen", flüstert Jenni.

„Das arme Mädchen muss jetzt schlafen!"
Kurz tuscheln die Schäfchen, dann
haben sie eine Idee. Sie stellen sich
der Reihe nach auf. Dann springen sie
nacheinander über einen Holzblock auf
ihrer Weide. Immer wieder hüpfen sie
darüber, stellen sich noch einmal an und
springen erneut. Es dauert eine Weile,
bis Marie versteht, was die Schäfchen
veranstalten.

„Ihr wollt, dass ich euch zähle, damit
ich müde werde, oder?", ruft sie. Dann
beginnt sie zu zählen: „Eins, zwei, drei,
vier..." Kurz darauf werden ihre Augen
schwer. Rasch lässt sie sich in ihr
Bett fallen und ist Sekunden später
eingeschlafen.

DER VORWITZIGE ELCH FINNI UND DIE GELUNGENE WEIHNACHTSÜBERRASCHUNG

Finni, der kleine Elch, knabbert gerade an saftigen Kiefernzweigen, als er Kinderstimmen hört. Schnell versteckt er sich und beobachtet zwei Kinder auf dem Waldweg. Das Mädchen trägt eine rote Clownsnase und singt: „War einst ein kleines Rentier, Rudolf wurde es genannt, und seine rote Nase war im ganzen Land bekannt!" Dann seufzt sie: „Ach Julian, einmal will ich den echten Rudolf sehen!" Der Bub neben ihr lacht: „Rudolf gibt es doch nur im Märchen, Marie!"
Dann nimmt er ihr die Clownsnase weg und schmeißt sie ins Gebüsch – direkt vor Finnis Füße.
„Man schmeißt aber nicht einfach seine Sachen in den Wald", denkt Finni

empört. Dann hat er eine Idee. Er ist zwar nur ein Elch und kein Rentier, aber den Unterschied wird die kleine Marie nicht merken. Also stülpt er sich die Clownsnase auf und springt mit einem Satz auf den Waldweg. Mit einem lauten Röhren macht er auf sich aufmerksam, und die Kinder drehen sich um.

„Da steht Rudolf!", staunt Marie.

„Ich glaube, ich spinne", murmelt Julian. Diese kleine Weihnachtsüberraschung ist Finni wirklich gelungen!

DIE STINKTIERDAME MISS PUH VERSCHEUCHT EINEN LUCHS

Miss Puh, die hübsche Stinktierdame, liegt in ihrer gemütlichen, neuen Hütte und schlummert. Blitzartig schlägt sie die Augen auf, als sie ein lautes, ängstliches Piepsen hört. Verschlafen schaut sie draußen nach, was los ist. Direkt vor ihrem Zuhause sitzt ein gieriger Luchs lauernd vor einer zitternden Maus.
Das Stinktier will nicht zulassen, dass die Maus vom Luchs gefressen wird. Also sprüht Miss Puh ihre stinkende Stinkeflüssigkeit kurzerhand in Richtung Luchs. Dieser hält sich ächzend die Nase zu.
„Was ist das für ein Gestank? Das hält meine feine Nase ja nicht aus! Mir wird schlecht!" Hals über Kopf rennt der Luchs davon.

„Danke, dass du mich gerettet hast", sagt die kleine Maus kurz darauf zu Miss Puh. „Wir Waldtiere müssen zusammenhalten – gerade an Weihnachten. Das hat mir der Biber Willi gezeigt, als er für mich eine Hütte gebaut hat. Ich habe dir gerne geholfen. Komm doch noch auf einen Kakao mit rein!"
So verbringen die kleine Maus und das Stinktier Miss Puh einen gemütlichen Dezemberabend zusammen.

DIE KUH BELINDA FINDET
WEIHNACHTEN BLÖD

Die anmutige Kuh Belinda mag keinen
bunten Weihnachtsschmuck, keine
Weihnachtsbeleuchtung und erst
recht keine Weihnachtslieder. Von ihrer
Weide aus muss sie ständig den bunt
geschmückten Weihnachtsbaum der
Familie Sonnenschein anschauen.
Wenn es dunkel wird, stört das Licht
der Weihnachtsbeleuchtung sie beim
Schlafen. Und die Weihnachtsmusik, die
aus dem Haus regelmäßig nach draußen
dringt, tut ihr in den Ohren weh. Belinda
murrt: „Zum Glück ist Weihnachten bald
vorbei."
„Du bist so ein Weihnachtsmuffel", stöhnt
ihre Kuhschwester Lisa genervt.
„Weihnachten bedeutet nur Stress:
dekorieren, die Weihnachtsfeier

vorbereiten, Wichtelgeschenke besorgen...", meckert Belinda weiter.

Doch Lisa schüttelt den Kopf. „Quatsch! An Weihnachten geht es darum, eine schöne Zeit mit der Familie und den Freunden zu verbringen."

In diesem Moment fallen dicke, weiße Flocken sanft vom Himmel herab. Die zehn Schafe auf der Weide nebenan stimmen ein Weihnachtslied an: Zur Melodie von „Leise rieselt der Schnee" singen sie „Mäh mäh mäh". Lisa und die anderen Kühe stimmen ein, die Pferde schunkeln im Takt dazu. Da schmunzelt Belinda. Auf diese Weise Zeit zusammen zu verbringen, ist wirklich schön. Leise singt sie mit. Auf einmal findet sie Weihnachten nicht mehr ganz so blöd.

VIER HUNDE RETTEN DAS WEIHNACHTSFEST

Am 23. Dezember streunen die vier Hunde Charly, Chico, Chanty und Chabby durch die winterlichen Straßen. Das Knirschen schwerer Schritte auf dem verschneiten Boden lässt sie aufhorchen. Ein älterer Mann mit einem weißen Bart und einem roten Mantel jammert verzweifelt: „So viele Geschenke kann ich nicht zu Fuß verteilen. Dieses Jahr werden an Weihnachten viele Kinder traurig sein, weil sie keine Geschenke bekommen."
Die vier Hunde beobachten, wie der Mann einen großen Schlitten hinter sich herzieht, der mit Geschenken vollgepackt ist.
„Warum mussten meine Rentiere ausgerechnet jetzt krank werden?",

stöhnt der alte Mann, der wohl der Weihnachtsmann sein muss.

Die vier kräftigen Hunde zögern nicht lange: Sie wollen dem Weihnachtsmann helfen, die Geschenke bis Heiligabend an alle Kinder zu verteilen. Also springen sie aufgeregt bellend vor die Füße des Weihnachtsmannes.

Dieser erschrickt sich, doch dann begreift er, dass die Hunde ihm nichts Böses wollen.

„Ihr wollt mir helfen?", fragt er lächelnd. Die Hunde nicken. Der Weihnachtsmann spannt sie vor seinen Schlitten und verleiht ihnen magische Kräfte, damit sie fliegen können. Stolz ziehen die vier Hunde den Weihnachtsmann und den Geschenkeschlitten über die Hausdächer. Das Weihnachtsfest ist gerettet: Jedes Kind bekommt am Weihnachtsabend ein Geschenk!

DIE TIERISCHE WEIHNACHTSFEIER

Endlich, der Weihnachtsabend ist da! Die Familie Sonnenschein sitzt im Haus unter dem Weihnachtsbaum und singt Weihnachtslieder. Währenddessen versammeln sich alle Tiere für die tierische Weihnachtsfeier auf der Weide der zehn Schafe. Sie überreichen einander die Wichtelgeschenke und lassen sich das Festessen schmecken. Anschließend stimmt die Vogelfamilie Zwitscher ihr Weihnachtskonzert an: „Stille Nacht, heilige Nacht", singen sie lauthals. Nach der ersten Strophe stimmen alle anderen Tiere mit ein. Als der letzte Ton verklungen ist, ertönt ein lautes Scheppern.

„An der Landung müssen wir noch arbeiten", meckert der Weihnachtsmann, als er von seinem Schlitten steigt.

Die vier Hunde Charly, Chico, Chanty
und Chabby grinsen verlegen.
Nun lobt der Weihnachtsmann: „Davon

abgesehen habt ihr eure Sache gut gemacht. Alle Geschenke sind verteilt, alle Kinder sind glücklich. Nur ein paar Geschenke für euch Tiere liegen noch auf dem Schlitten."

Die Tiere staunen. Der Weihnachtsmann ist zu ihrer Weihnachtsfeier erschienen! Er überreicht jedem Tier ein Geschenk, dann zeigt er auf das Rehlein Wirbelwind. „Dich beobachte ich schon länger. Wenn du möchtest, ziehst du nächstes Jahr zusammen mit dem Elch Finni meinen Weihnachtsschlitten!"

Wirbelwind kann sein Glück kaum fassen. Sein größter Weihnachtstraum geht in Erfüllung!

„Frohe Weihnachten!", ruft der Weihnachtsmann. Dann lässt er sich von den vier Hunden auf seinem Schlitten nach Hause bringen.

Hat dir das Buch gefallen?

Ich würde mich sehr über eine Rezension freuen.

☆☆☆☆☆

Schreibe mir gerne per Mail, wenn du Wünsche, Kritik oder Anregungen
für mich hast: info@barbaralachner.at

Melde dich gerne zu meinem Newsletter an!

QR-Code einscannen:

https://barbaralachner.at/newsletter

Mag. Barbara Lachner

Autorin, Berufsfotografin und Zwillingsmama
von insgesamt 3 Söhnen.

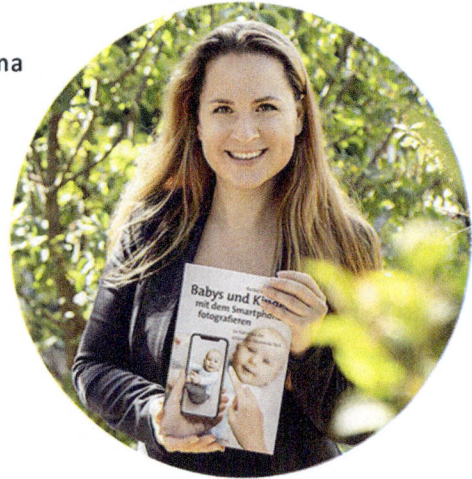

Mir sind die schönen Momente rund um
meine Kinder und Familie sehr wichtig.
Geht es dir auch so? Dann findest du bei
mir unter anderem diese Bücher:

Mit meinem Buch „Babys und Kinder mit dem Smartphone fotografieren" zeige ich
dir, wie du deine Lieblinge mit dem Handy schnell und professionell ablichtest.
Schließlich ist es jede Erinnerung mit deinem Schatz wert, festgehalten zu werden.

Eine schöne Kuschel- und Vorlesezeit bietet dir mein lehrreiches Erstlesebuch: „Die
Honigbiene Emma: Woher kommt der Honig und warum sind Bienen so wichtig?"

Meine Ausmal- und Bastelbücher bieten eine kreative Beschäftigung für glückliche
Kinder.

An den Notizbüchern und Tagebüchern der „Mama-Baby-Serie" haben auch die
Kleinen ihre Freude und können nach Lust und Laune darin malen und zeichnen. Du
kannst aus vielen liebevoll gestalteten Motiven wählen und darin die Meilensteine
und wunderschönen Momente mit deinen Kindern niederschreiben und für immer
festhalten.

Diese Bücher eignen sich auch perfekt als Geschenk für Mamas bzw. bereits in der
Schwangerschaft. Zusätzlich arbeite ich gerade an vielen weiteren Büchern für dich
und deine Familie. Ich halte dich auf dem Laufenden. Melde dich gerne dafür zu
meinem Newsletter an.

Ausmal- und Bastelbücher:

Notiz- und Tagebücher:

Entdecke auch die anderen liebevoll gestalteten Bücher

von Barbara Lachner!

QR-Code einscannen:

ISBN 978-3-903420-21-2
1. Auflage 2022
© Mag. Barbara Lachner

Kontakt:
info@barbaralachner.at
Am Freihof 16, 1220 Wien

www.barbaralachner.at

Printed by Amazon Italia Logistica S.r.l.
Torrazza Piemonte (TO), Italy